FAMILLE LANGUET

※

GÉNÉALOGIE

DES

BRANCHES DE GERGY ET DE SIVRY

A MES ENFANTS

E. CHEVREUL.

DIJON

IMPRIMERIE JOBARD

1907

FAMILLE LANGUET

ARMES DES LANGUET

Les armes des Languet étaient *de gueule à un triangle d'or,
cléché et renversé, chargé de trois molettes d'éperon de sable
posées, une à chaque extrémité.* Denis Languet de Gergy,
procureur général, substitua le fond d'azur au fond de
gueule et trois molettes de gueule aux trois molettes de sable.
En 1769, à l'extinction de la branche de Gergy, les Languet
de Sivry adoptèrent ces changements.

E LABORE DECUS

FAMILLE LANGUET

---✳---

GÉNÉALOGIE

DES

BRANCHES DE GERGY ET DE SIVRY

A MES ENFANTS

E. CHEVREUL.

DIJON

IMPRIMERIE JOBARD

—

1907

FAMILLE LANGUET

GÉNÉALOGIE

DES

BRANCHES DE GERGY ET DE SIVRY

La famille Languet, originaire de Savoie, est fort ancienne en Bourgogne ; elle se divise en branches nombreuses, qu'il serait trop long et fort difficile de suivre, aussi nous bornerons-nous à dresser la généalogie des deux branches de Gergy et de Sivry, à l'aide de titres de famille échappés à la Révolution, de d'Hozier, bien incomplet, et des mémoires manuscrits de l'abbé Colon, allié à la famille Languet, qui avait été obligé de faire ses preuves pour sa nomination à la chapelle de Sainte-Catherine de Vitteaux.

D'Hozier, dans la grosse de l'Enregistrement de ses armoiries, la fait remonter à 1340, et ses titres de noblesse datent de 1373. C'est à Vitteaux surtout que résidèrent les Languet, leur nom y est mêlé à toutes les archives de la ville et ils y défendent les droits des habitants. A partir de 1550 et 1665, ils descendent à Chalon-sur-Saône, et peu après la branche aînée s'y fixe, puis à Paris, par le mariage de Guillaume III, avec Elisabeth Bretagne, mais sans renoncer à la Bourgogne. Par le mariage de Denis Languet, le procureur général, avec Marie Robelin, cette branche est mise en possession de la baronnie de Saffres, près Semur, puis de Rochefort, en Franche-Comté, enfin de la terre de Saint-Cosme, près Chalon, et du comté de Gergy.

Les membres de la branche cadette, seigneurs du Cholot, près Vitteaux, de Notre-Dame d'Hys, de Fosse-Bernard, Posange, Dracy, se répandent dans les bailliages de l'Auxois, de Vitteaux, à Dijon et à Arnay-le-Duc.

En 1594, Charles Languet figure au nombre des principaux habitants, et pendant plus de deux siècles, cette famille distinguée y occupe les premiers emplois de justice, d'administration et de finances, et par sa fortune et ses alliances dans la noblesse du voisinage y tint longtemps le premier rang, y continuant ses traditions comme à Vitteaux, fidèle à ses origines, à sa parenté avec la branche aînée et comme elle conservant, avec ses lettres de noblesse, les mêmes armes et la même devise : *E labore decus.*

Une autre branche issue de Vitteaux, aussi bien que Charles Languet, avait déjà produit, au milieu du seizième siècle, le fameux Hubert Languet, ministre d'Etat, qui se rendit si célèbre dans le temps par de savants ouvrages politiques et religieux. Son portrait et ses œuvres existent à Arnay, entre les mains de MM. Languet de Sivry, Arnétois, qui comptent aussi parmi leurs parents. J.-B. Languet de Gergy, curé de Saint-Sulpice, à qui la capitale doit l'érection d'un de ses beaux monuments religieux, et son frère Jean-Joseph Languet de Gergy, archevêque de Sens,

qui a traité un grand nombre de sujets de contro-
verse contre les jansénistes et les faiseurs de miracles
qu'il poursuivit à outrance. (V. La Virotte, *Annales
de la ville d'Arnay-le-Duc*, p. 142).

Courtépée (V. t. V, p. 458, édit. de 1780) écrit :
« La branche aînée de la famille Languet dont étaient
l'archevêque de Sens et le curé de Saint-Sulpice,
s'est éteinte en la personne de Vincent-Louis Languet (1) de Rochefort, leur neveu, mort sans enfants à
Dijon en 1769, regretté comme un excellent magis-
trat, un bon citoyen et un modèle de probité, mais la
branche cadette subsiste dans MM. Languet de Sivry
d'Arnay-le-Duc. »

A l'extinction de la branche aînée, les portraits
et papiers de famille, tels que contrats de mariage,
extraits de naissance, testaments, lettres et reprises
de fiefs, furent remis entre les mains des membres
de la branche cadette, Languet de Sivry, qui s'éteint
à son tour dans la personne de Charles-Brice-Hubert
Languet de Sivry, qui, de son mariage avec Marguerite-Antoinette de Meulan, laissa trois filles.

1° Marie-Charlotte-Joséphine Languet de Sivry,
mariée par contrat en date du 28 juillet 1846, à
M. Henri Chevreul, fils de M. M.-E. Chevreul, l'illustre membre de l'Institut ;

2° Marie Languet de Sivry, mariée à M. Théobald
de Champ ;

3° Gabrielle Languet de Sivry, mariée à M. Georges
Melin.

(1) Courtépée commet ici une erreur de nom. C'est Jacques-Vincent
et non Vincent-Louis (voy. Petitot, *Parlement de Bourgogne*, p. 38)
et une erreur de date, il faut lire 1768 au lieu de 1769.

Aux archives de la famille figurent :

L'extrait de l'acte de naissance (1791), le contrat de mariage (1826) de M. Charles-Brice-Hubert Languet de Sivry ;

L'extrait de l'acte de naissance et le contrat de mariage de Hubert-Charles-Philippe Languet, seigneur de Sivry, et de dame Laurence Le Breton de Corbelin ;

Le contrat de mariage et le testament de Claude-Charles Languet, seigneur de Sivry, conseiller du roi, lieutenant civil au bailliage d'Arnay-le-Duc, fils de Charles Languet et d'Elisabeth Lesage ;

Le contrat de mariage et le testament de Charles Languet de Sivry, écuyer, avocat au Parlement, procureur général du bailliage d'Arnay-le-Duc, fils de Philippe Languet, conseiller du roi et lieutenant civil au bailliage d'Arnay, et de feue Claude Thibert, qui épousa Elisabeth Lesage, fille de Philibert Le Sage, suivant contrat passé au village de la Creuse, paroisse de Couches, 11 janvier 1902 ;

Le contrat de mariage de Philippe Languet de Sivry et de Claude Thibert ;

Le contrat de mariage de François Languet, deuxième fils de Nicolas Languet et de Marie Gaillard ;

Le contrat de mariage de Philippe Languet, fils de Nicolas Languet, bailli de Vitteaux, et de Marie Gaillard avec Jeanne de La Grange ;

Le contrat de mariage de Denis Languet, procureur général au Parlement de Bourgogne ;

Pièce de la requête en reprise du fief de la terre de Gergy (1661-1702), copie pour M. H.-J.-J. Languet de Sivry (1816), plus une pièce de dénombrement de la terre et seigneurie de Gergy pour le même et item de la terre de Saint-Cosme ;

Grosse de l'enregistrement des armoiries de Denis Languet, écuyer, seigneur du Cholot (29 février 1698, signée d'Hozier), plus la grosse de l'enregistrement des armoiries de Charles Languet à Arnay-le-Duc (signée d'Hozier) et celle de Philippe, père de Denis ;

Vieille copie des lettres patentes de Louis XIV, érigeant la terre de Gergy, en baronnie au bailliage de Chalon-sur-Saône, en faveur de M. Jacques-Vincent Languet de Gergy ;

Copie de reprise des fiefs de Notre-Dame d'Hys, de Sivry-lez-Arnay, de la baronnie de Saffres, pour M. H.-J.-J. Languet de Sivry (1668-1814).

Lettres. — 1° De M. Devoyot, descendant de la famille Devoyot ת אd un membre, Jeanne Devoyot, épousa Germain Languet, père d'Hubert Languet et de Claude, fondateur des branches de Gergy et de Sivry. Cette lettre est adressée à Languet de Sivry, receveur des tailles d'Arnay-le-Duc, et établit que les Languet de Gergy et de Sivry vivaient sur un pied de grande intimité et se reconnaissaient comme issus de la même tige. Cette lettre est datée de 1753.

2° De Languet de Gergy, curé de Saint-Sulpice, à son cousin M. Charles Languet de Sivry. (V. *Lettres de Languet de Gergy, procureur général au Parlement de Bourgogne, au chancelier Séguier,* par Henri Chevreul, p. 82).

3° De M. François Languet, agent général de l'ordre de Malte, à M. Charles Languet de Sivry. (V. *Lettres de Languet de Gergy au chancelier Séguier,* par Henri Chevreul, p. 88).

4° De Languet de Gergy, ambassadeur à Venise, à ses frères l'évêque et le curé de Saint-Sulpice.

5° Du comte de Louvigny, gendre du marquis d'Havrincourt (la marquise d'Havrincourt était fille de Languet, comte de Gergy, ambassadeur à Venise, et nièce de l'archevêque de Sens et du curé de Saint-Sulpice) (1).

I. — LAMBERT LANGUET

(XIVᵉ SIÈCLE)

Lambert Languet, premier du nom connu, avait épousé demoiselle Bellot, dont il eut Jehan Languet.

II. — JEHAN LANGUET

Jehan Languet épouse Marie Enot, d'où :

1° Jacotte ou Jacquette Languet, mariée à Jehan Couthier, seigneur de Souhey.

2° Guillaume dont l'article suit :

Jehan Languet obtint de Jehan de Montagu, chevalier, sire de Sombernon, qui usant, dit d'Hozier,

---

(1) Voy. D'Hozier, *Armorial général*, t. IV, registre 2, 2ᵉ partie, p. 591. — L. Laîné, t. II. — Courtépée, t. V, p. 458, 499-174, édit. 1780. — Petitot, *Parlement de Bourgogne*, p. 33. — M. D. L. C. D. B., *Dictionnaire généalogique, héraldique, chronologique et historique*, t. II, p. 380. — Ch. Muteau et J. Garnier, *Galerie bourguignonne*, t. II, p. 47. — Albrier, *Les maires d'Arnay-le-Duc.* — La Virotte, *Annales de la ville d'Arnay-le-Duc*, p. 141-142, édit. 1837. — H. Chevreul, *Lettres de Languet de Gergy, procureur général au Parlement de Bourgogne, au chancelier Séguier*, 1880. — Th. Lavallée, *Mémoires inédits de Languet de Gergy, archevêque de Sens, sur Mᵐᵉ de Maintenon et la cour de Louis XIV.*

du droit incontestable qu'il avait d'anoblir en qualité de prince cadet de la maison des premiers ducs de Bourgogne, issus de Robert le dévot, l'anoblissement de la personne et des biens de trépasssée Bellot, veuve de Lambert Languet, et de son fils Jehan, par une charte du 8 mai 1373 (pièce conservée dans la famille et mentionnée dans les lettres patentes données par Louis XIV, en avril 1706, pour l'érection de la terre de Gergy en comté, elles sont publiées par extrait dans d'Hozier).

III. — GUILLAUME LANGUET

PREMIER DU NOM

Guillaume Languet eut plusieurs enfants de la demoiselle de la Beaulne d'Auction, sa femme, savoir :

1° Philippe.

2° Guillemette, mariée à Jehan Leborgne, seigneur de Fleurey, fondateur de la Chapelle de Vitteaux en 1417.

IV. — PHILIPPE LANGUET

Philippe Languet épousa Caherine Monnot, fille de Guillaume Monnot, capitaine, châtelain de Vitteaux, d'où :

1° Guillaume Languet.

2° Aiglantine Languet, femme de François Le

Goux (1), suivant contrat passé devant Jehan Croître, prêtre et notaire public à Vitteaux, le 7 juin 1472 (la grosse de ce contrat en parchemin est en possession de la famille).

3° Jehanne Languet, mariée au fils de Renaud le Gastelier, maître des comptes à Dijon.

V. — GUILLAUME LANGUET

DEUXIÈME DU NOM

Guillaume Languet épousa Huguette Le Boiteux, fille d'Humbert Le Boiteux, bourgeois de Vitteaux, et d'Isabeau de Chappes, suivant contrat passé devant Gérard Foucault et Regnault, notaires à Vitteaux, le 8 janvier 1477. Catherine Monnot, sa mère, veuve de Philippe Languet, y comparaît. De ce mariage sont issus :

1° Germain Languet, qui suit.

2° Jehan Languet, successivement procureur et avocat du roi, à Chalon-sur-Saône, qui eut de sa femme, Jehanne de Ponthoux, Claude et Augustin Languet.

3° Augustin Languet, dont la fille unique Jacquette, épousa Nicolas Vallon, avocat au Parlement, suivant contrat passé devant Jacob et Legendre, notaires à Flavigny, le 5 juin 1513, elle se marie du consentement de son père et par l'avis et délibération de Philibert Couthier, docteur en droit, seigneur du

(1) Le Goux de la Berchère.

Martois, oncle maternel de ladite Jacquette Languet. C'est de Nicolas Vallon et de Jacquette Languet que descendent les Fyot de Mimeure, les Perreney de Grosbois et les Fevret de Saint-Mesmin.

4° Pétronille Languet ou Pernette, qui épouse en premières noces Pierre Seurre, avocat du roi, au bailliage d'Autun et Montcenis, suivant contrat passé devant André Moiton et Guillaume Harrand, notaires à Vitteaux, le 13 décembre 1498, et en secondes noces Barthelemi de Chasseneuz, premier président au Parlement de Provence, célèbre jurisconsulte, suivant contrat passé par Barthelemi Gagne, notaire à Autun, le 15 février 1506.

VI. — GERMAIN LANGUET

Germain Languet, capitaine, gouverneur du château de Vitteaux, épousa en premières noces Jeanne Devoyot, d'Autun, dont il eut :

1° Philippe, qui suit.
2° Hubert Languet.

Et d'un second mariage avec Anne Lejeune, ainsi qu'il résulte d'une transaction passée à Vitteaux le 21 décembre 1552 :

3° Charles Languet, mari de Louise de Ponthoux, de Chalon-sur-Saône.
4° Magdelaine Languet, femme de Charles de Massol, seigneur de Marcilly-lez-Vitteaux.
5° Claude Languet, marié à Marceline Pivert. Ce

Claude Languet, seigneur des Combes et du Cholot, fut premier camérier de la reine Catherine de Médicis, puis chancelier du duc de Savoie.

6° Guy Languet, archidiacre de la cathédrale d'Autun.

7° Anne Languet, femme de Claude Piget, bailli de Vitteaux.

8° Pétrina ou Pierrette Languet, mariée à Antoine Espiard, son cousin.

VII. — PHILIPPE LANGUET

DEUXIÈME DU NOM

Philippe Languet eut de son alliance avec Jeanne de Loisy, de Chalon-sur-Saône :

1° Jean-Claude Languet dont l'article suit.

2° Adrien Languet, avocat à Chalon, mari de Jeanne de Bataille ; il eut deux enfants : Jean, religieux au monastère de Saint-Bénigne de Dijon, et Marguerite, femme d'Etienne d'Auchement, suivant acte d'une pension viagère faite par ladite dame à son frère Jean, entrant en religion et renonçant à ses droits, acte passé devant Pierre Barolet, notaire à Dijon, le 3 avril 1587, en présence de Philippe de Bataille, conseiller au bailliage et chancellerie de Chalon-sur-Saône, oncle dudit Languet (acte dûment légalisé qui figure aux archives de la famille).

3° Catherine Languet, épouse de Guillaume Brigandet. De ce mariage est issue Guyonne Brigandet, veuve de Claude Charlus, ainsi qu'il résulte du testament de ladite Guyonne Brigandet, reçu par Derepas, notaire à Sombernon le 9 août 1587, par lequel elle nomme Guillaume Languet, curateur de ses enfants (la grosse de cet acte est aux archives de la famille).

4° Guillaume Languet, mari d'Edmée Ferrant, de ce mariage est né Charles Languet qui eut une fille de sa femme, Anne Croslard, fille du seigneur de Chasson. Cette fille, nommée Nicole, épousa Claude du Croisier, d'où : Louis du Croisier, baptisé à Magnien, le 10 avril 1637, et Jean du Croisier. Ces faits résultent du testament de Louis du Croisier, passé par-devant Thénard, notaire à Arnay-le-Duc, le 4 août 1704.

5° Jacques Languet, marié à une demoiselle Vallon, de Flavigny.

6° Françoise Languet, épouse de Robert de Ponthoux, fondatrice de l'église des Minimes de Chalon où elle fut inhumée en juillet 1648.

VIII. — JEAN-CLAUDE LANGUET

AUTEUR DES BRANCHES DE GERGY ET DE SIVRY

Jean-Claude Languet, seigneur de Saint-Cosme, maire de Chalon en 1588, épousa Judith Le Conte, de Tournus, veuve en 1622, d'où :

1° François Languet.

2° Guillaume Languet, chef de la branche des *Languet de Gergy.*

3° Augustin Languet, chanoine de Chalon et

aumônier du roi, seigneur de Gergy (terre qu'il avait acquise de M. le Prince).

4° Claude Languet, avocat à Chalon.

5° Nicolas Languet, chef de la branche des *Languet de Sivry.*

BRANCHE DES LANGUET DE GERGY

IX. — GUILLAUME LANGUET

TROISIÈME DU NOM

Guillaume Languet, second fils de Jean-Claude et de Judith Le Conte, se fixa à Paris où il épousa, le 16 mars 1622, Elisabeth Bretagne, fille de François Bretagne, seigneur de la Croix-Fontaine, et de demoiselle Elisabeth Coignet. La famille Bretagne occupait une haute position dans la magistrature, elle est alliée aux Barjot, Bouthilier de Chavigny et Talon du Parlement de Paris; Claude Bretagne, sœur d'Elisabeth, avait épousé Jacques Bossuet, conseiller au Parlement de Dijon, père du grand Bossuet. Nous voyons dans un acte de partage, du 30 avril 1633, que Guillaume Languet était avocat au Conseil privé et secrétaire ordinaire de M. le Prince. De son mariage sont issus :

1° Denis Languet, qui suit.

2° Augustin Languet, abbé de Saint-Eloy-Fontaine

au diocèse de Noyon, chanoine de la cathédrale de Chalon, aumônier du roi.

3° Elisabeth Languet, femme de Philippe de Loynes, président à mortier au Parlement de Metz, dont la fille Elisabeth épousa Jean Molé de Champlatreux, mort en 1633, conseiller en la grande chambre du Parlement de Paris; il était fils de Mathieu Molé, garde des sceaux de France.

4° Marie Languet, femme de Pierre de Massol, président de la Chambre des comptes de Bourgogne; elle en eut deux fils, dont l'un fut comme son père président de la Chambre des comptes, l'autre lieutenant général des armées du roi, et Elisabeth de Massol qui épousa François de Clermont-Tonnerre, marquis de Cruzy : c'est de ce mariage, dit d'Hozier, qu'est sorti Gaspard de Clermont-Tonnerre, marquis de Vauvillars, appelé communément le marquis de Clermont-Tonnerre, chevalier des ordres du roi, lieutenant général de la cavalerie française et étrangère, dont le fils, le comte de Clermont-Tonnerre, a été marié, le 5 juin 1741, à Anne-Julie Le Tonnelier de Breteuil.

X. — DENIS LANGUET

Denis Languet, comte de Rochefort, La Croisette, baron de Saffres, de Gergy, d'Allerey, seigneur de Saint-Cosme, La Villeneuve, Montigny-sur-Vingeanne, conseiller du roi en ses conseils, successivement procureur général au Parlement de Rouen et procureur général au Parlement de Bourgogne (le 12 juin 1654),

3

par contrat du 12 août 1651, passé à Dijon, devant
Battay, notaire, a épousé Marie Robelin, fille de
Lazare Robelin, baron de Saffres, conseiller du roi,
second président au Parlement de Dijon, et de Marie
de Villers, sœur de Philippe de Villers, seigneur de
Vouge et de Villy, conseiller au Parlement (ce contrat
est aux archives de la famille). En faveur de cette
alliance, Augustin Languet, oncle de Denis, lui fit don
de sa terre et seigneurie de Gergy, avec toutes ses
dépendances, d'où :

1° Guillaume Languet-Robelin, qui suit.

2° Jacques-Vincent Languet, comte de Gergy.

3° Pierre-Bénigne Languet, baron de Montigny-sur-
Vingeanne et autres lieux, chevalier de l'ordre de
Wirtemberg, gentilhomme de la clef d'or, successivement capitaine de dragons en France, colonel de
cuirassiers et brigadier des armées du duc de Bavière,
grand bailli et gouverneur de la principauté de Mont-
béliard (né en 1669).

4° Jean-Baptiste Languet de Gergy, docteur en théologie de la maison de Sorbonne, abbé de Bernay,
curé de Saint-Sulpice à Paris (né en 1675, mort en
1750).

5° Lazare Languet, religieux de l'ordre de Cîteaux,
docteur en théologie, abbé de Morimont, au diocèse
de Langres (l'une des quatre abbayes de Cîteaux, qui
donnait à ses titulaires les qualités de grand d'Espagne
et de grand maître des ordres de Saint-Jacques et de
Calatrava).

6° Jean-Joseph Languet de Gergy, docteur en
théologie, de la maison de Navarre, successivement

aumônier de la dauphine et de la duchesse de Bourgogne, évêque de Soissons, le 23 juin 1715, archevêque de Sens en 1731, membre de l'Académie française, né en 1677, mort en 1753.

7° Odette-Thérèse Languet, dame de Saint-Cosme, terre qu'elle a apportée en dot à Claude Rigoley, seigneur de Puligny, conseiller-secrétaire du roi et des Etats de la province de Bourgogne, premier président de la Chambre des comptes de Dijon ; leur fils aîné Jean Rigoley fut comme son père premier président à la Chambre des comptes; le second, Denis Rigoley, seigneur de Mipont, secrétaire en chef des Etats de Bourgogne.

XI. — GUILLAUME LANGUET-ROBELIN
COMTE DE ROCHEFORT

Guillaume Languet-Robelin, comte de Rochefort, baron de Saffres, fils aîné de Denis Languet et de Marie Robelin, né le 9 août 1662, a joint à son nom celui de Robelin, en vertu d'une substitution que Lazare Robelin, son aïeul maternel, lui avait faite de son nom et de ses armes (1), et de la baronnie de Saffres, substitution faite pour la conservation d'un nom illustre dans les armes et la magistrature. On

(1) Languet Robelin portait : *écartelé au 1er et au 4e d'azur, au triangle équilatéral d'or cléché et renversé, chargé de trois molettes de gueule sur les angles qui est de Languet, aux deux et trois d'azur, au chevron d'or, accompagné de trois étoiles de même, surmonté d'un bélier d'argent, passant dans une nuée de même mouvante, des deux angles supérieurs de l'écu, qui est de Robelin.* Voy. Petitot, *Parlement de Bourgogne,* p. 120.

voit dans Courtépée (t. V, p. 558, édit. de 1780), que Vincent Robelin, président au Parlement, servit Henri IV au siège de Paris, eut son château pris et pillé par les ligueurs.

Guillaume Languet-Robelin fut conseiller au Parlement de Bourgogne, du 6 février 1686 au 11 août 1716, et nommé conseiller d'honneur au même Parlement, le 23 mars 1717, marié le 16 avril 1692 à Odette-Marie de Quintin, d'où :

1° Pierre-Philibert Languet-Robelin, mort le 28 septembre 1716, il avait été nommé conseiller au Parlement le 11 août précédent, après la démission de son père.

2° Jacques-Vincent Languet de Rochefort, président à mortier au Parlement, dont l'article suit.

3° Philiberte Languet-Robelin, mariée à Charles-François de Lévis, mestre de camp d'un régiment de cavalerie de son nom, depuis chevalier de Saint-Louis, brigadier des armées du roi, lieutenant général de Sa Majesté en Bourbonnais. Il était d'une branche cadette de la maison des ducs de Lévis, substituée, en 1625, aux noms et armes de Châteaumorand, par Diane de Châteaumorand, marquise d'Urfé. De ce mariage sont issus :

1° Catherine-Agnès de Lévis, qui a épousé, en 1751, son cousin Louis-Marie-François-Gaston de Lévis, colonel du régiment Royal de Marine.

2° Anne-Charlotte, mariée à un Clermont-Montoison.

3° Marie-Éléonore, mariée à un Saulx-Tavannes.

4º Marie-Odette de Lévis (V. d'Hozier et La Chesnaye des Bois).

XII. — JACQUES-VINCENT LANGUET-ROBELIN

Jacques-Vincent Languet-Robelin, comte de Rochefort la Croisette, baron de Saffres, conseiller du roi au Parlement de Bourgogne, le 14 juillet 1725, président à mortier le 21 octobre 1729, épouse le 17 septembre 1731, Odette Rigoley, fille de Pierre Rigoley, seigneur de Chevigny-Saint-Sauveur, de Corcelles, La Chaume, Corgoloin et autres lieux, conseiller au Parlement, et de Marie Durand, mort sans postérité.

XIII. — JACQUES-VINCENT LANGUET

COMTE DE GERGY

DEUXIÈME FILS DE DENIS LANGUET

Jacques-Vincent Languet, comte de Gergy en 1706, seigneur de la Grange, chevalier de l'ordre de Wirtemberg, second fils de Denis Languet et de Marie Robelin, né en 1667, mort le 17 novembre 1734, gentilhomme de la maison du roi, envoyé extraordinaire après le traité de Riswick en 1697, auprès du duc de Wirtemberg et des princes du Cercle de Souabe. Il fut envoyé deux fois en 1702 et 1704, avec les mêmes qualités auprès du duc de Mantoue, du duc de Parme et de Plaisance, François Farnèse. En récompense de ses services, Louis XIV érigea, au mois d'avril 1706, la terre de Gergy en Comté. Envoyé extraordinaire auprès de Cosme de Médicis en Toscane, de 1709 à 1715, année où il se rendit à la diète de Ratisbonne comme ministre plénipotentiaire, nommé ambassadeur à Venise en 1726, il rentra en France en 1731, il fut déchargé de son ambassade le 3 janvier 1733, sur sa demande motivée par l'état de sa santé ; le roi lui accorda une pension de six mille livres pour trente-cinq années de bons services. Par contrat de mariage, passé à Paris, le 14 octobre 1715, il avait épousé demoiselle Anne Henri, fille de Jean-Baptiste Henri, ancien conseiller du roi, trésorier général des galères, et de Marie Le Large de Moulon, dont il eut une fille unique, Antoinette-Barbonne-Thérèse, mariée à Paris, à Saint-Sulpice, le 17 juin 1737, à Louis de Cadarvaque, marquis d'Havrincourt, gouverneur de la ville et château de Hesdin, mestre de camp du régiment des cuirassiers du roi, fils de François de Cardavaque, marquis d'Havrincourt, brigadier des armées du roi, et d'Anne-Gabrielle d'Osmont, suivant contrat de mariage passé le 15 juin 1737, par-devant Junot, notaire à Paris.

BRANCHE DES LANGUET DE SIVRY

IX. — NICOLAS LANGUET

Nicolas Languet, conseiller du roi et bailli de Vitteaux, seigneur du Cholot et de Notre-Dame d'Hys et de Fosse-Bernard, fils de Jean-Claude Languet et de Judith Le Conte, chef de la branche des *Languet de Sivry*, dernier frère de Guillaume Languet, auteur de la branche des *Languet de Gergy* et *de Rochefort*, épousa Marie Gaillard, fille de Jean-Baptiste Gaillard, écuyer, seigneur de Lonjumeau, dont il eut :

1° Philippe Languet, dont l'article suit.

2° François Languet, conseiller du roi, lieutenant civil au bailliage d'Arnay-le-Duc.

3° Charles Languet, chevalier de Malte, commandeur de Géraucourt et de Dijon.

4° Claude Languet, bailli de Vitteaux.

5° Pierrette Languet, femme d'Antoine Potet, écuyer, seigneur de Crucil, d'Arnay-le-Duc.

X. — PHILIPPE LANGUET

Philippe Languet, fils de Nicolas Languet, bailli de Vitteaux, et de Marie Gaillard, épousa Jeanne de La Grange, fille de Jacques de La Grange, écuyer, contrôleur des rentes de Bresse et de Bourgogne, et de Marie Quarré sa femme, suivant contrat passé à Dijon, le 3 mars 1652 (le titre est aux archives de la famille). De ce mariage sont issus :

1° Denis Languet (1), né à Dijon, le 3 mars 1659, et baptisé le même jour à Saint-Pierre de cette ville, par Récaillet, vicaire : son parrain, messire Languet de Gergy, conseiller du roi en ses conseils, procureur général au Parlement de Dijon, baron d'Allerey, seigneur de Changey et la Villeneuve, son oncle ; sa marraine, demoiselle Bernarde Catherine, fille de François Catherine, écuyer, trésorier de France.

2° Marie Languet, qui épousa François Espiard de Saulx, écuyer, seigneur de Roche-d'Hy, dont Vivande Espiard, mariée à Claude Drouas, seigneur de Joursenvault.

3° Anne Languet, religieuse de Sainte-Ursule au couvent de Vitteaux.

X. — FRANÇOIS LANGUET

François Languet, second fils de Nicolas Languet et de Marie Gaillard, frère de Philippe Languet, qui précède, conseiller du roi et lieutenant civil au bailliage d'Arnay-le-Duc, épousa Jeanne Chardigot, dont il eut :

1° Philippe Languet, dont l'article suit.

2° Claude Languet, chevalier de Malte, commandeur de la Madeleine de Dijon.

---

(1) Denis Languet est mort en bas âge.

3° Christine Languet, qui épousa Vivant Sourcel-
lier, conseiller du roi, trésorier des mortes-paies de
Bourgogne et de Bresse.

XI. — PHILIPPE LANGUET DE SIVRY

Philippe Languet de Sivry, conseiller du roi, lieutenant civil au bailliage d'Arnay-le-Duc, épousa Claude
Thibert, fille de Maurice-Claude Thibert, receveur
des deniers royaux au bailliage d'Arnay-le-Duc, et
écuyer de la grande écurie du roi, et d'Yvonnette
Bernard, suivant contrat passé devant François
Nicolle, notaire à Arnay-le-Duc, le 29 avril 1676 (dont
la grosse est aux archives de la famille). De ce
mariage :

1° Charles Languet, qui suit.
2° Jeanne Languet, mariée à Bénigne Bonnard.
3° Christine, religieuse aux Ursulines d'Arnay.
4° Françoise, religieuse aux Ursulines d'Arnay.
5° Anne, religieuse aux dames Saint-Julien de
Dijon.

XII. — CHARLES LANGUET DE SIVRY

Charles Languet de Sivry, écuyer, avocat au Parlement, receveur général du bailliage d'Arnay-le-Duc,
fils de Philippe Languet, conseiller du roi et lieutenant civil au bailliage d'Arnay-le-Duc, et de feue
Claude Thibert, épousa Elisabeth Le Sage, fille de

Philibert Le Sage (1), avocat, et d'Elisabeth Roullet, suivant contrat passé au village de la Creuse, paroisse de Couches, par Boutteret, notaire à Couches, le 11 janvier 1702 (la grosse est aux archives de la famille). De ce mariage :

1º Claude-Charles Languet, qui suit.

2º Denis Languet, mort jeune.

3º Elisabeth-Yvonnette Languet, mariée à Claude-Antoine Espiard, seigneur de Clamerey et Promenois.

XIII. — CLAUDE-CHARLES LANGUET
DE SIVRY

Claude-Charles Languet de Sivry, écuyer, seigneur de Sivry, conseiller du roi, lieutenant au bailliage d'Arnay-le-Duc, fils de Charles Languet et d'Elisabeth Le Sage, épousa Laurence Le Breton de Corbelin, fille de Jean-Jacques-Léonard Le Breton, seigneur de Corbelin, écuyer, contrôleur des guerres, à la suite de la seconde compagnie des mousquetaires du roi, vétéran, demeurant à Vézelay, et de feue Marie Jaillot, son épouse, par contrat passé au grand parloir de l'abbaye royale de Reconfort, paroisse de Saisy, le 27 septembre 1744, devant Demoulinier, notaire à Montceau-le-Comte (la grosse est aux archives de la famille). De ce mariage sont nés :

(1) D'où est sorti Georges Louis Le Sage, le célèbre physicien de Genève, né en 1724, mort en 1803, qui descendait par sa mère de Théodore Agrippa d'Aubigné, ancêtre de Mᵐᵉ de Maintenon. M. H. Chevreul possède la correspondance du père de G.-L. Le Sage avec sa mère, après son établissement à Genève.

1° Hubert-Charles-Philippe Languet, dont l'article suit.

2° Magdeleine-Charlotte-Claudine Languet, mariée à Claude-Charles Espiard de Clamerey, son cousin germain ; la sœur dudit Espiard a épousé Antoine-Bénigne Carrelet de Loisy, écuyer.

3° Anne Languet, femme du chevalier Fortuné Quarré d'Aligny, ancien capitaine d'infanterie.

4° Jeanne-Antoinette Languet, mariée à Louis-Joseph-François-Xavier d'Huvée, ancien officier au régiment d'Armagnac, infanterie.

5° Magdeleine-Charlotte-Félicité Languet qui épousa Claude-Marie Quarré d'Aligny, de Châteaurenaud, chevalier, seigneur de Jully-lez-Arnay, Malpertuis, Saint-Félix, Magnien, etc., chevalier de l'ordre royal de Saint-Louis.

XIV. — HUBERT-CHARLES-PHILIPPE LANGUET
DE SIVRY

Hubert-Charles-Philippe Languet, fils de Claude-Charles Languet, seigneur de Sivry, Corbelin et autres lieux, et de dame Laurence Le Breton de Corbelin, épousa Louise-Françoise Balay, fille de messire Jacques-Joseph Balay, ancien conseiller au Parlement de Bourgogne, seigneur de Blarine, partie de Granot et de feue Bernarde de la Rüe, suivant contrat passé à Créancey, le 28 octobre 1776, par Piogey, notaire à Pouilly-en-Auxois. Sont nés de ce mariage :

1° Hubert-Jacques-Joseph Languet, marié le 29 vendémiaire an VIII à Jeanne-Henriette Laureau-Delavault, dont il n'eut pas de postérité (mort à Lyon, le 19 octobre 1869).

2° Philippine, mariée à Jacques Parigot, de Santenay, leur fille unique Henriette a épousé le comte Albert de Drée.

3° Joséphine, morte sans être mariée.

4° Gabrielle, qui a épousé M. Dubreuil, comte de Sainte-Croix, dont la fille unique a été mariée à Léon d'Orlié, marquis de Saint-Innocent.

5° Charles-Brice-Hubert Languet de Sivry, dont l'article suit :

XV. — CHARLES-BRICE-HUBERT LANGUET
DE SIVRY

Charles-Brice-Hubert Languet de Sivry, dernier enfant d'Hubert-Charles-Philippe Languet de Sivry et de Louise-Françoise Balay, ancien mousquetaire de la maison du roi, ancien lieutenant de cavalerie, épousa en premières noces Elisa de Rivérieulx de Chambost, fille de Claude-Marie de Rivérieulx, comte de Chambost, chevalier de Saint-Louis et de la Légion d'honneur, et de Marie Poisieux, par acte passé devant Dugueyt et son collègue, notaires à Lyon, le 17 avril 1820, d'où :

1° Gabriel Languet de Sivry, qui ne vécut que quelques jours et mourut en même temps que sa mère.

En secondes noces, **Marguerite-Antoinette** de

Meulan, fille de Pierre-Louis-Nicolas de Meulan, chevalier de la Légion d'honneur, préfet du département des Vosges, et de Jeanne-Marie Marchand-Demarans, par acte passé devant Me Bannerot et son collègue, notaires à Epinal, le 9 juin 1825. A la suite de ce contrat se trouve la pièce suivante :

« Aujourd'hui a comparu devant Me Charles Gandouin et son collègue, notaires à Paris, soussignés, M. Marie-Joseph-Théodore, comte de Meulan, maréchal de camp, commandeur de la Légion d'honneur, chevalier de Saint-Louis (1). Lequel désirant laisser à sa femme un monument éternel de l'honneur insigne que Sa Majesté Charles X, roi de France et de Navarre, et leurs Altesses royales, les Princes et Princesses de sa famille, ont daigné lui faire en donnant leur agrément au mariage de M. Charles-Brice-Hubert, chevalier Languet de Sivry, ci-devant officier de cavalerie, avec mademoiselle Jeanne-Marguerite-Antoinette de Meulan, sa nièce, dont les conditions civiles ont été réglées suivant contrat passé devant Me Bannerot, notaire royal à Epinal, le 9 juin 1825, enregistré et fait en double minute, dont l'une est restée en l'étude de Me Bannerot et l'autre, conformément à ce qui a été dit dans le contrat a été adressée à Me Gandouin, l'un des notaires soussignés, délégué par les parties à l'effet de la présenter à la signature de Sa Majesté et des Princes et Princesses ; mais attendu l'impossibilité, de recevoir dessus les signatures de la famille royale, cette pièce est restée à la disposition des comparants, jointe à ces présentes,

(1) Il fut plus tard nommé commandeur de Saint-Louis.

après avoir été par lui certifiée véritable, signée et paraphée en présence des notaires soussignés et que les blancs qui y avaient été laissée ont été barrés par les dits notaires et ont requis les dits Mᵉ Gandouin et son collègue, de recevoir la signature de Sa Majesté, celles des Princes et Princesses de sa famille, sur le présent acte, et celles de leurs amis et parents ci-après dénommés.

» En conséquence, les dits notaires ont reçu au pied des présentes, les signatures : 1° de Sa Majesté Charles X, roi de France et de Navarre ; 2° de Son Altesse royale, Monseigneur le Dauphin, duc d'Angoulême ; 3° de Son A. R. Madame la duchesse d'Angoulême Dauphine ; 4° et des parents de la dite dame Languet de Sivry.

» Comte de Meulan, comte de Clarac, comte H. de Mellet, Dumanoir, marquise de Saint-Chamans-Pinieux, vicomtesse de Saint-Chamans, comtesse de Lambertye, née de Saint-Chamans, marquis d'Escayrac de Lauture, Villelmine Portal, marquise d'Escayrac de Lauture, Auguste-Edouard de Meulan et dame Eléonore-Virginie de Bellemont, son épouse ; Caroline de Salabery, comtesse de Bernay, comte Delavau, comte de Bernay, comte de Salabery, madame de Perrigny, née de Joubert, madame Louise de Chaumont de la Millière, épouse de M. Héron de Villefosse, Bernard de Chataumont, ancien colonel. »

De ce mariage sont issues trois filles :

1° Marie-Charlotte-Joséphine.
2° Marie-Louise-Philippine.
3° Gabrielle-Huberte.

XVI. — MARIE-CHARLOTTE-JOSÉPHINE
LANGUET DE SIVRY

Marie-Charlotte-Joséphine Languet de Sivry, par contrat en date du 28 juillet 1846, a été mariée à Henri Chevreul, juge suppléant près le tribunal de première instance de Fontainebleau, président de l'Académie de Dijon (1879), chevalier de l'ordre royal du Christ de Portugal, fils unique de Michel-Eugène Chevreul, membre de l'Institut, grand croix de la Légion d'honneur, grand croix effectif de l'ordre de la Rose du Brésil, grand officier du Lion et du Soleil de Perse, commandeur des ordres du Christ et de la Conception du Portugal, chevalier de l'ordre danois de Danebrog, et de Sophie Davalet, d'où :

1° Marguerite Chevreul, mariée à Dijon, le 30 avril 1867, à Bernard-Raoul Carrelet de Loisy, d'où sont issus :

    1° Marie, mariée à M. Maurice de Mianville.
    2° Hubert.
    3° Henriette, mariée à M. Pierre de Suremain.
    4° Sophie.
    5° Joseph.

2° Huberte-Marie-Sophie Chevreul, mariée à Dijon, le 14 février 1874, à Raoul-Gaspard de Champ.

3° Hubert-Michel-Eugène Chevreul, né à Dijon, le 1er mai 1855, licencié en droit, qui a épousé le 22 novembre 1881, Adèle-Marie-Stéphanie-Constance Le Compasseur-Crequy-Montfort de Courtivron, d'où :

1° Marie-Madeleine, née à Dijon, le 17 novembre 1882, mariée le 18 janvier 1906, à M. Jean Mégret de Devise, officier d'infanterie.

2° Louis-Henry, né à Cuiseaux (Saône-et-Loire), le 25 août 1884.

3° Marie-Gabrielle, née à Cuiseaux, le 15 mai 1886.

4° Anne-Marie, née à Bussy (Côte-d'Or), le 22 septembre 1889.

5° Marie-Bénédicte, née à Dijon, le 22 février 1894.

XVI. — MARIE-LOUISE-PHILIPPINE LANGUET DE SIVRY

Marie-Louise-Philippine Languet de Sivry, mariée à M. Théobald de Champ, d'où :

1° Gaston, marié à Jeanne Clappier, d'où :
  1° Marie.
  2° Gabrielle.
  3° Robert.
2° Berthe, mariée au comte Elzéar de Leusse.
3° Joseph.

XVI. — GABRIELLE-HUBERTE LANGUET DE SIVRY

Gabrielle-Huberte Languet de Sivry, qui épouse M. Georges Melin, d'où :

1° Henri, officier, mort des suites de campagne.
2° Georges, mort jeune.

IMP. JOBARD, DIJON.